파리가 돌아왔다

**달을쏘다** 시선 *015*

# 파리가 돌아왔다

**달을쏘다** 시선 015

초판 인쇄 | 2023년 10월 4일
초판 발행 | 2023년 10월 7일

지 은 이 | 박미라
펴 낸 이 | 문정영
펴 낸 곳 | 도서출판 달을쏘다
편집위원 | 이혜미 정현우
등록번호 | 제2019-000003호
등록일자 | 2019년 1월 10일
주    소 | 03131 서울특별시 종로구 율곡로 6길 36,
          월드오피스텔 1102호
전    화 | 02-764-8722, 010-8894-8722
전자우편 | dalssoo@hanmail.net

ISBN 979-11-92379-07-4 (03810)

값 10,000원

- 이 책의 전부 또는 일부 내용을 재사용하려면 반드시 저작권자와 도서출판 달을쏘다의 동의를 받아야 합니다.

- 이 도서의 국립중앙도서관 출판시도서목록(CIP)은 서지정보유통지원시스템 홈페이지(http://seoji.nl.go.kr)와 국가자료공동목록시스템(http://www.nl.go.kr/kolisnet)에서 이용하실 수 있습니다.

# 파리가 돌아왔다

박미라 시집

* 저자의 의도에 따라 작품의 보조 동사와 합성 명사는 띄어쓰기가 달라질 수 있습니다.

* 본문 페이지에서 한 연이 첫 번째 행에서 시작될 때에는 〈 표기를 합니다.

* 이 시집은 교보문고와 연계하여 전자책으로도 발간되었습니다.

### 시인의 말

간절한 것들이 사라지기 시작한 지 오래되었다
민망하고 송구하여
목숨 쪽으로 얼굴 들기 어렵다

다시, 간절을 발굴하고
언 땅에 묵은 씨앗을 파종하겠다

나중에 나중에
발아의 기록을 더듬어 네게 가겠다

기어이 네게 닿겠다


― 물끄러미, 가을을 바라보며

■ 차 례

## Part 1. 파리가 돌아왔다

| | |
|---|---|
| 풍찬노숙 | 13 |
| 나사論 | 14 |
| 탈출기 | 16 |
| Stonemoney | 18 |
| 좋은 아침 | 20 |
| alzhemer 2 | 22 |
| 아플 때 | 24 |
| 완성 | 26 |
| 전조 증상 | 28 |
| 환절기 | 29 |
| 펄펄 | 30 |
| 미쳤나 봐 | 32 |
| 파리가 돌아왔다 | 34 |
| 문드러지다 | 35 |

# Part 2. 짐승을 잠그다

| | |
|---|---|
| 누항陋巷 | 39 |
| 잡동산이雜同散異 | 40 |
| 강준치 | 42 |
| 짐승을 잠그다 | 44 |
| 도둑 놈범 | 46 |
| 환기 좀 시키세요 | 48 |
| 천산북로 2 | 50 |
| 이빨을 악물다 | 52 |
| 빗소리 외전 | 54 |
| 이사 | 56 |
| 동행 | 58 |
| 나는 나의 옛집이다 | 60 |
| 노숙 | 62 |
| 시든 참외를 깎는다 | 64 |

**Part 3. 갈치조림을 먹는 자세**

| | |
|---|---|
| 끝물 | 69 |
| 심우도 | 70 |
| 꽃은 말고 | 72 |
| 목련 지다 | 74 |
| 갈치조림을 먹는 자세 | 75 |
| 등이 가렵다 | 76 |
| 복숭아 | 77 |
| 해찰 | 78 |
| 꽃이 다녀가셨다 | 80 |
| 햇볕은 쨍쨍 | 81 |
| 너울성 파도 | 82 |
| 주마가편走馬加鞭의 오류 | 84 |
| 꾸역꾸역 | 86 |
| 파인애플은 왜 | 88 |

**Part 4. 발바닥 사설**

| | |
|---|---|
| 초록 | 93 |
| 목포는 항구다 | 94 |
| 변명 | 96 |
| 희망을 더듬다 | 98 |
| 발바닥 사설 | 100 |
| 지리멸렬 | 102 |
| 건강검진 소견서 | 104 |
| 사물이 거울에 보이는 것보다 가까이 있습니다 | 106 |
| 미라 | 108 |
| 강 건너 불구경 | 110 |
| 나비 촛대 | 112 |
| alzhemer 1 | 114 |
| 누란 | 116 |
| 동굴 | 118 |

**해설** – 이 아픈 것들의 목록     121
오민석(문학평론가·단국대 명예교수)

# Part 1

파리가 돌아왔다

# 풍찬노숙

길 건너에서 싸우는 소리 들린다
그 옆 버드나무에서 잠들었던 새들 화들짝 깨었겠다
그동안 흘려들었을 사람의 말을 다시 배우겠다
유난히 그악스럽게 우짖는 새를 본다면
새벽 싸움을 구경한 새들인 줄 믿겠다

아직 문 열지 않은 편의점 앞에 사내 둘 쭈그려 앉아 있다

새소리도 사라진 새벽이 무겁다는 것인지
빈 담뱃갑이 툭, 떨어진다

새들이야 어쩔 수 없겠지만

저이들, 소주나 한 병 사주고 싶다

# 나사論

 '볼트와 너트'를 '나사'라고 일러줬다. 뭐든지 다 알고 뭐든지 다 알게 했다.
 우산도 없이, 과꽃 모종을 들고 나서며 메밀 싹 같은 이슬비를 웃었다.
 세상이 떠넘긴 여러 개의 대명사를 지녔으므로 수시로 비틀댔다.

 틈만 나면 나사를 조이고 다녔다. 부엌에도 창문에도 내 종아리에도 나사가 박혀 있었다.
 가장 많은 나사를 조이고 조인 그이의 몸에서는 입을 틀어막은 어떤 것들이 불씨를 사르거나 탁탁 터졌다.
 사르다가 만 불씨에 그을려 사계절 내내 캄캄했다.

 시난고난 견딘 과꽃이 환해지면 배실배실 웃고 다녔지만, 다섯 살에 보낸 어린것이 별이 되었다는 건 믿지 않았다.

 도대체 그 많은 나사를 조이고 갔으면서 아직도 남았는지, 오늘은 내 손목에 나사를 조인다.

〈
이런, 그이가 두고 간 손이 내 손목에 달려 있었다.

왜 자꾸 헐거워지나?

# 탈출기

 바닥을 쳤으니 올라가는 일만 남았다고 깨진 유리창에서 성에를 긁어내듯
 목울대를 긁으며 너는 웃는다.

 진실을 말해 줄까? 바다 아래 지하실이 있단다. 1층뿐이겠어? 물론 나는 3층까지밖에 안 가 봤지만 끝까지 가본 사람들은 입을 다문다는군. 모종의 협박이 있었거나 꿈조차 지워질 만큼 지독한 어둠이어서 본 것도 들은 것도 기록할 수 없었을 거야.

 돌아서서 클클 거리는 것들은 바닥과 거래가 있는 것들이지. 그렇다고 어둠을 더듬으며 탈출을 시도할 건 없어. 올라가야겠다고 말해. 그럴 수 있다면 소리쳐도 좋아. 발을 구르는 건 어떨까? 바닥도 지하실도 귀가 어둡다는 얘기가 있거든.

 나? 나는 손톱 몇 개 빼주는 것으로 타협했지. 다 적어뒀어.
 봐, 더 두껍고 단단한 손톱이 자라는 중이야. 바닥 깊숙이 손톱을 박아넣고 물구나무를 설 수도 있어.

〈

　어쩌면 나는 마녀의 후손일지도 몰라. 지금은 아무 때나 타고 오를 밧줄을 목에다 걸고 다니지. 무지개를 걷어낸 장대비로 엮었어.

　이때? 깊꼭깊시?

# Stonemoney[*]

무거움이란, 내던져도 된다고 믿거나 우기며
제 몫의 무거움을 내버린
그,

펄펄 펄펄펄 함박눈처럼 퍼붓다가
온실 속 꽃처럼 시절 없이 피고 지다가

벼락 맞은 나무 같은, 막다른 골목 같은

함부로 날리는 저를 눌러둘 무게가 없어
엎어지고 뒹굴다가

농익은 오디를 터뜨린 듯 검붉은 눈물을 그러모아 연명하는 시절이 되고서야 버린 것들에 대한 연구를 시작했다는데, 이미 상한가를 친 아버지를 재구매하기에는 턱없이 가벼워서, 죽음이라는 가장 확실한 미래에 투자하기로 했는데, 그 또한 불확실한 항목이어서 각자도생을 내세운 신흥종교에 입문했다는데

이 모두가 낯설이어서 귀담아들을 얘기는 아니라고

도 하는데

    바다에 빠뜨린 Stonemoney를 아버지와 동격으로 보는 것은 현상학의 본질이 왜곡된 것이라는데,

    아버지가 죽었다고 들었다


* Stonemoney : 태평양의 얍이라는 섬의 돈의 가치를 가진 돌

# 좋은 아침

저런 새 새끼가, 은사시나무 이파리가 저렇게 반짝이는데 하필이면 내 얼굴에 똥을 싸고 가네,

일부러 나를 겨냥한 게 아니라면 저 이파리들을 비집고 명중시킬 수 없었을 텐데,

하다 하다 새 새끼까지 염장을 지르네.

허긴 내가 소금기 허연 자반으로 버틴 지가 하마 얼마인가,

그깟 새똥쯤, 내가 소비한 종이로 가름하면 억울할 것도 없지.

제 몫을 뺏어 먹은 이름들을 어느 목숨인들 적어두지 않겠나,

내가 쓴 문장들을 다 쏟아 주어도 저것들이 찾는 애벌레 한 마리만 못할 테니
〈

아침 사냥을 허탕 친 가장일 거라고 치자.

혹시 모르지, 자반도 생선이고 새똥도 똥이니까 눈 뜨고 꾼 똥꿈이라 여기고 복권이나 한 장 사자.

좋은 아침이다.

# alzhemer 2

　정말입니까? 얼음 심장이었다구요?

　순대 속 채우듯 창자 속 가득 헛꿈을 구겨 넣고 구색 맞춘 뼈다귀로 거푸집을 엮었습니까? 수시로 녹아내리는 것들을 걷어 올리느라 열 손가락 모두 지문이 지워지고 사계절 내내 얼음 버석이는 냉수를 마십니다 그럭저럭 버티는 일에는 이골이 났는데 이제 지워져도 된다구요? 그만 녹아내리라구요? 친절하게도 지워준다구요? 질량보존의 원칙을 깨고 눈대중으로 빚어둔 나를 회수한다구요? 도자기를 빚는다고 문 걸어 잠그고 막사발 하나 주물러 낸 그 손이 다시 나를 짓뭉갠다구요?

　느개 뒤덮은 아침을 걷어가고, 어린 보랏빛 오동꽃을 훑어가고, 보리누름에 불 밝힌 앵두를 모두 끄고, 목덜미 간지럽히던 콧바람을 당겨 툭툭 끊어놓고, 팔다리가 다녀간 골목까지 모조리 끌고 간다구요? 채곡채곡 쌓아둔 머릿속 주상절리를 허문다구요? 주상절리 위에 모셔둔 늙은 소나무를 뽑아버린다구요?
　〈

겨울 다음에 다시 겨울이어도, 얼음은 녹는다고 애써 버틸 것 없다고 말해 주지 그랬어요. 꽃 피는 봄날이거나 앞섶 넓은 인연에 엎어져 서둘러 녹아버리게 말해 주지 그랬어요. 좋아요. 귓바퀴 속에 서성이는 종소리도 지워요, 꽃잎인 듯 어룽진 피눈물도 지워요, 유월 청보리밭처럼 일렁이던 머릿결도 이미 나삭 끝났어요. 손가락 끝마다 불붙였던 청춘은 어쩔 건데요?

그러니까 나는 다시 물이 되는 것이군요. 흘러가다가 잦아들어야 하는군요. 다 씻겨나가는 허허벌판의 계절이군요. 먼 데서 새가 되었다는 이름도 다 소용없군요. 그러니까 부디 깨끗하게 지워요. 다시는 깃들 곳 없게 바람으로도 머물 곳 없게 실뿌리 하나 남기지 마세요.

더럽고 치사하고 끔찍한 해피 엔딩에 누가 또 관여했습니까?

## 아플 때


몸이나 마음에 큰물이 들 때,
 순정한 콩물 속에서 순두부가 엉기는 것을 망연히 바라보는

그런 때,

자꾸 생각하면 뜨거운 것이 뭉글뭉글 엉키는 때
그러니까 보이지 않는 어떤 살점에 불이 들어가는

그런 때,

흘러갈 줄을 모르는

마른 땅에 고인 빗물이 서서히 말라가는 그런 시간

패이고 금 간 곳에서
기어코 자리를 잡겠다고 비비적대는 실뱀 같은

열매도 별로 없는 상수리나무처럼
이파리 허름한 가지가 바람 한 줄기를 객혈하듯

내뱉는

   낯선 때,

# 완성

 칠이 벗겨질까 흠집이 날까 염려 깊어서 자신이 만든 소반을 사용하지 못한다는 소목장*이 다른 이들에게는 막 쓰세요. 칠도 벗겨지고, 흠집도 나고, 그래야 소반이지요. 그게 완성이지요. 당부하며 건넨다는데,

 티끌 떼어가며 기른 등짝을 세상으로 밀어내며 그래, 넘어지기도 하고 엎어지고 울기도 하는 거다. 상대의 목덜미에 이빨을 박을 줄 아는 것은 맹수의 으뜸가는 자격이다. 어떤 흉터는 신흥종교의 표식으로 쓰이기도 한다더라만 믿을 것은 못 된다. 경전을 읽듯 뜨겁더니

 너는 꽃이라는 맹수로 살아라.

 꽃은 이미 꽃이라지만, 빛깔도 향기도 오롯할 거라. 비바람 들이치면 슬쩍 엎드리며 살아남아라. 발밑에 씨앗을 감추어 시침 뚝 떼고 계절을 타 넘어라.

 저 소반이 세상에 얼굴을 내밀 때까지, 저는 얼마

나 침을 뱉었겠느냐, 돌아앉아 울었겠느냐, 꽃도 나무도 눈물이 있어서, 나비도 벌도 기웃대는 것이다.

소반 위에 굽이치는 물결도, 네가 떨구는 살점도, 그게 다 완성에 이르는 흉터이다.

나는, 완성이라는 말을 언제나 다 배울 것인가?

* 조각이나 일반 가구를 전문으로 하는 목수

## 전조 증상

벽지 안쪽 가득 곰팡이가 피었다는 은밀한 말씀 듣는다

어쩌자고, 피었다는 말은 여기서도 환한가

그러니까 곰팡이꽃이 피어 번지고 번져서 벽에 가득하다는

그 집에는

곰팡이도 피고, 검버섯도 피고, 시름도 피고, 마침내 고독까지 우거져서

꽃그늘 아래 홀로,

하마 들릴까, 웃자란 귓바퀴를 창틀에 걸어두었는데

저 물속 같은 혼자가 놀랄까,
세상이 모두 까치발로 지나가더라고

도대체 이 꽃소식을 어떤 꽃나무에 걸어야 하나

# 환절기


과속방지턱에서 턱, 걸렸다
엎어진 몸을 제자리로 돌려놓는 사이 천년이 흘렀다


노여웠을까, 유리창 가득 아른거리는 저 기별
그래, 아지랑이를 사모한 날들도 있었는데


멈출 곳을 정하지 않고도 무작정 달린다


또, 다시, 들키면 주홍글씨를 새겨야 한다지만
아무튼 지나가야 하는데
나여, 이렇게 살면 안 되겠다
저 속도의 굴형을 걸어서 빠져나갈 방법이 있을 것이다


눈먼 마음도 봄을 타는지
빗장뼈 아래가 스멀거리는데
다 지워진 빗금에 덧칠하는 손이 눈물처럼 다정하다


용서받고 싶은 일들이 자주 일어나는 계절이다

# 펄펄


열이 펄펄 난다는 K의 이마를 짚어주고 싶어서 팔을 뻗어본다
내 팔은 얼마나 더 자라야 K에게 닿을 수 있나

어떤 용솟음으로 그렇게 펄펄 끓나

마음이 아픈데 팔이 아프다고 거짓말을 해도
저 깊은 살 속에 가시처럼 박힌 한 마디도

이마는 금방 알아듣고 펄펄 끓는데

눈도 펄펄 오고
물도 펄펄 끓고
이마도 펄펄 끓는다니

눈은 뜨겁지도 않으면서 펄펄펄 오는데
펄펄을 견디다 견디다 눈 속으로 뛰어나가 펄펄 뛰는
너를 닮은 수많은 너를
눈은 또 차갑게 바라볼 테지만
〈

겨우 이마나 짚어보며 펄펄을 생각하겠다는 그만큼이라면
 팔은 더 자라서 무엇하리
 펄펄 하나도 알아듣지 못하는
 멍텅구리 팔을 들키지 않으려고
 밤이 오기를 기다리다가

 혼자서도 펄펄 잘 끓으라고

 비릿한 것들을 끓이고 끓여 새카맣게 졸여낸 후에
 펄펄에 대하여 다시 얘기하자고

 늦가을 아침 같은 내 이마나 짚어본다

# 미쳤나 봐

 바람이 따귀를 때리고 지나가네. 바라보기도 전에 자취 없네. 한두 번 당하는 일도 아닌데 당할 때마다 금방 떨어질 으아리꽃처럼 핏기 가신 몰골로 으아악, 벙어리 비명이나 질러보는 거지.

 따귀라니, 느닷없이 쥐어박는 서슬에 심장이 벌렁거리고 다리가 푹 꺾이던 주먹다짐도 있었지만. 나라고 맞기만 한 것도 아니지. 침을 뱉고 발을 구르고 멱살을 잡기도 했지. 그럴 때마다 누가 뒤에서 식식거리더라고. 미쳤나 봐, 남의 싸움에 왜 끼어들어? 얼굴도 모르는 처지에 왜 내 편을 들어? 그러면서도 한결 기운이 솟기는 했지만,

 미쳤나 봐, 왜 그런 것들이 또렷이 생각나지? 그때, 너도 있었나? 해바라기가 고개를 화들짝 쳐들더라고 우기던 너도 있었느냐고? 비 온다고 저 혼자 뛰어가던 풀물 시퍼런 종아리가 거기 있었느냐고?

 미쳤나 봐, 그럴 때마다 하늘 유난히 멀더라고 다 실토하고 싶어지네. 시뻘건 노을을 뒤집어쓰고 터벅터

벅 돌아왔다고 고백하고 싶어지네.

거기 누구야? 혹시 나야?

# 파리가 돌아왔다


 꽃 핀 나뭇가지를 흔들어보거나 저 혼자 깊어진 초록 이파리에 침을 뱉거나, 심심하다, 심심하다, 지나가는 바람에게 붉은 길을 들켰다 끊길 듯 이어진 저 붉은 길의 시원을 들쑤시고 묵은 제사에 다녀가는 오촌 당숙처럼 바람은 그저 지나가는데

 어디서 지켜보고 있었다는 것인가. 오래전 다녀간 파리가 돌아왔다.

 어떤 이름을 부를 때나 맑은 물에 헹구고 조심조심 깜빡여보던 눈 속의 붉은 길이 속절없이 드러났다.
 굳이 감추자는 것은 아니었다고, 그냥, 고단했다고 눙친다. 비문증이라는 버젓한 문패 뒤에서 쏟아져 나온 파리 떼를 감당하면서 잠깐 아득해진다. 떼거리라는 말은 밝은 세상에서도 무서워라.

 이미 노마드nomade 족의 신민이 된 나는 이 붉은 길들을 어떻게든 파묻을 것인데 돌아왔으니 돌아갈 곳도 있겠지.

 길 없는 것들에게는 어떤 길도 무섭지 않아라.

# 문드러지다

초록 혓바닥이 지천인 봄날
죽음 쪽으로 돌아누운 고구마
뽀얀 젖 찰랑이던 살점이 시커멓게 썩어들어가다가
그러니까 목숨의 반대쪽으로 꽤 멀리 간 듯하다가
화들짝 돌아본 듯, 어쩌면 가여운 새순 하나!

죽어서 다시 산다는 것은
마음만으로는 어림없는 일이어서
얼어 터진 살점을 뒤적여 목숨 하나를 밀어 올리는 일을
치사하거나 비루하다고 부를 수 없다

목숨이 목숨을 돌보는 일은
스스로 참혹을 견디는 일이다

잘 썩어 돌아가는 것들의 냄새가 지독한 것은
제 안에 쟁여둔 마음을 흘리고 가기 때문이다

# Part 2

짐승을 잠그다

## 누항 陋巷


그것도 물이라고, 뚜껑 덮인 하수구 곁에서 채송화 한 송이 활짝 피었다 붉은색이다

고개를 돌리면 비틀거리는 계단 위에 폐사지처럼 나앉은 마을이 있다 아이들 자지러지는 소리가 자주 들린다 눈빛 깊은 악다구니가 산다고도 한다

꽃 앞에서 오래 쭈그려 앉았다가 끙, 힘주어 일어서는 무릎이 있다 계단 끝에는 깨진 유리창만 한 하늘이 있다 별이 뜨더라는 공공연한 비밀이 계단을 내려오기도 한다

수시로 폐선에 돛을 올린다는 등산화가 바닥을 탁탁 치며 지나간다

그러거나 말거나 스스로 붉다 저 채송화

그러면 되었다

## 잡동산이 雜同散異*

저 파리가 늦가을까지 내 식탁에 얼쩡거리던
그 파리인지 그 파리의 족속인지는 알 수 없다
파리의 수명이나 습성을 따져본들
내가 어떻게 파리의 얼굴을 구분할 수 있겠나

비비는 힘으로 살아간다는 것
그렇게 비비고도 단번에 으스러지는
파리목숨은 명쾌할지도 모르지만

순암의 잡동산이에는 기생 가지도 올라 있고
성산월도 앉아 있는데
세상의 이런저런 목숨의 부스러기들로
오래된 숲처럼 빼곡하지만
거기, 나도 없고 파리도 없는데

읽고 읽고 또 읽으면
억지로 잡아당겨 꿰맨 상처처럼
한 방울쯤 피가 튄 나의 족속이 있을 것도 같은데
그래봤자 잡동사니라는 것인데
〈

겨울 한가운데를 비비고 다니는 파리의 꼬락서니가
나는 자꾸 익숙한 것이다
잡동사니도 잡동사니도 되지 못하는
나를, 아무 구석에나 처박고 싶은 것이다

집 안에 들어와 겨울을 버티는 파리가 있다니
그래봤자 파리목숨인데


* 순암 안정복著

# 강준치*

빈곤의 탄생에 관하여 궁구窮究한 적이 있다

가뭄 든 강바닥이 뱉어낸
납작한 목숨이 자꾸 낯익어서였는데

뜯어먹을 것이라고는 가시밖에 남지 않은 몸에서
뭉클뭉클 쏟아지는 비린내의 근원이 궁금했는데

다 삭은 나무 울타리 아래 꽃씨를 뿌리던 손과
살 속 가시가 어른대는 저 물고기를 나란히 세워보면

믿기 어렵겠지만
마지막 남은 살점을 내일까지 아껴두려는 습성까지
그린 듯 닮았다

그러니까 빈곤에서 풍기는 상한 냄새는
젖은 창호지처럼 쓸데없이 고집 센 희망인데

하다못해 썩은 냄새라도 풍겨보려는

목숨의 찌꺼기와 마주친 후에

죽을 것들과의 눈맞춤을 그만두기로 했다


* 잉어목 잉어과의 한 종

## 짐승을 잠그다


연둣빛 새순이나 갉작거리는 실베짱이 같은 것들에게도
어금니가 있는지는 잘 모르겠지만
놀이 삼아 어금니를 부드득 갈아보는 초식동물도 있을 테지만

저 으슥한 동굴 안쪽에 숨겨둔 어금니가
소리소문없이 먹혔다는데
출입구가 협소하여 원인 규명에 난색을 표하는 저 이도
협조할 방법이 없는 나도
그저 입이나 헤벌리고 난감할 뿐인데

우물우물 씹어 삼키는 맛에 길드는 중이지만

그래도 모른 체할 수는 없어서
긁어내고, 파내고, 갈아 내어
속눈썹만 한 칼날 찾기에 성공했는데
그 위에 낯선 위장막을 덧입혀서
어금니였던 기억을 봉인한다는데

〈
고작 순한 푸성귀 줄기에나 달려들던
저 비루한 짐승을 잠그고

세상 같은 건 꼭꼭 씹을 필요가 없다고
목젖이 보이도록 웃어 재낄 건데

# 도둑 농법

노랑 솜방망이꽃 환한 논둑에 왜가리 한 마리 위로처럼 서성인다.

저 새를, 다리가 긴 고독이라고 부르겠다.

못자리 물이 들어오기 전에 산그늘 속으로 숨어들어 까무룩 선잠에 빠지겠다.

그런 날 밤이면 어린 달빛을 소작인으로 부리기가 수월하다.

나의 농사 주기는 아무도 짐작할 수 없을 만큼 짧아서 하룻밤에 이별을 열 섬쯤 거둬들이기도 하고,
저녁 바람 속에서 청동 목소리를 꺼내 햇것들 속으로 욱여넣기도 한다.

나는 도둑 농법에 익숙해서 엄동설한에 이빨 가는 소리를 논바닥에 파종하기도 하는데,

나보다 기가 센 초록 앞에서는 마른 손바닥을 비

비며 돌아설 줄도 안다.

 두고 보자. 죄 없는 삐삐풀을 바득바득 뜯던 날도 있었다.

# 환기 좀 시키세요


이것은 반죽의 문제입니다
재료에 따라 농도가 다르지만 익히는 방법은 똑같습니다
아무래도 재료가 허술한 듯하다고 마음 쓰지 마세요
뒤집을 때를 놓치지 않으면
봄날처럼 노릇노릇 구워낼 수 있습니다

보세요!
어렵게 구한 당신의 찻잔에 나비가 앉았군요
이름을 모른다구요? 나비는 그냥 나비예요
다섯 살쯤 젊게 보이는 거울도 있네요 잘 두세요
깨지면 다시 구할 수 없는 것들 중 으뜸이니까요
쉿! 저기 쌓아둔 책무덤을 허무는 시기는 모르는 척해줄게요
어떤 경우에도 당신의 고백을 발설하지 않는 벽에 기대면
거짓말처럼, 등짝 따듯해질 겁니다

저런! 그랜드 피아노가 없군요, 스포츠카도 보석함도 없네요

무겁고 멀고 불안한 것들은 뒤집을 수 없어요
거기 어디 있겠지, 또박또박 적어두세요

제발, 시도 때도 없이 눈물 좀 떨구지 마세요
반죽이 묽어지면 말짱 꽝이에요
뒤집기는커녕 정체불명의 어께기 될 겁니다

환기 좀 시키세요

## 천산북로 2

그 길에 들면,

봉숭아 발등에 쌀뜨물을 붓던 어머니가 보일 것이다
찢어진 문구멍으로 배웅한 죽은 아우가 서 있을 것이다
비 맞으며 솎아낸 아리고 시린 것들이
의젓하게 견디고 있을 것이다

그것들 속으로 슬며시 끼어들어 신발 툭툭 털고 싶은데

다음 세상에는 들풀로나 다시 오겠다고 맹세했으니
나는, 내내 그 길을 걷지 못할 테지만
그렇더라도,
두고두고 가겠다
비 오면 가고, 꽃 지면 가고, 술 취한 척 가겠다

목구멍에 넣어둔 까마득한 간절을

느닷없는 기침으로 뱉어낼까 봐,
열에 들뜬 머리가 이것저것 태워버릴까 봐,
감기도 이별도 조심하며 산다

몸이 가지 못하는 곳에 마음을 데려다 놓겠다는 것은
눈물과 무관한 일이다

## 이빨을 악물다


누가 볼까 봐, 아무도 안 볼까 봐,
어느 쪽이라도 상관없지

이빨은 들키기 좋은 곳에서 자라는
순정한 무기이지 그악스런 고백이지
아드득과 으드득을 금방 알아듣게 할 줄 알고
세상에 와서 배운 모든 원망과 후회를
한 마디로 요약할 줄 알지
씹어도 씹어도 곱씹히는 말을 뿌리까지 갉아버릴 수 있지

어금니가 망가져서,
분별없이 악물었던 것들의 목록을 자백해야 하는데,
까마득한 주소나 더듬네

사랑을 묻는데 비구름을 부르는 너는,
이빨 사이에 끼어 오도 가도 못하는 너는,
잇몸을 파고들어 기어코 터를 잡겠다는 너는,
〈

악물지는 못해도
맨드라미꽃처럼 붉은 잇몸 아직 환하다는 걸
믿지 못하겠다는
너는,

아무래도 약속했던 길을 벗어난 동행인 듯해서

## 빗소리 외전

빗소리를 흠모하여, 푸른 이파리들을 내 귀로 삼았다

누구에게도, 무엇에게도,
맨 처음이 하늘이거나 마음이었다면

오리나무 밑을 뛰어가던 숨소리와
콩 튀듯 다급한 빗소리가 같은 목소리인 걸 알아들을 것이다

얼마나 멀고 깊은 길을 지나왔는지
소리의 격론이 어떻게 바다에 이르는지

없는 길을 더듬거리거나 제가 제게 침수당하다가도

마침내 고요해지는 것은
잦아든 것이지 사라진 것은 아니어서
바다도 가끔씩 크게 뒤집힌다

빗소리와 아무 연고 없는 나도 수시로 뒤집힌다

〈
물에 물 탄 듯, 술에 술 탄 듯,

---, 그렇게 살 걸 그랬나?

# 이사

 - 아이의 강아지가 제 장난감을 내 방으로 모두 옮기고 기진한 듯 엎드려 있다

지난밤에 바람이 많이 불기는 했지만

뒤쪽으로 외돌아 앉은 방의 고요를 선택하다니,
바람이 닿지 않는 곳일수록 쌓인 것이 많고
어둠 깊다는 것을 짐작이나 하랴만

강아지에게 나는,

붙박이로 매어둔 빈 배 같아서
컹컹 짖거나 한번씩 입질해도 웃고 넘어가는
그러니까 제 주인으로 삼아도 될 만큼 다정하거나 만만하게 보였다는 것인데

죽은 자의 비명처럼 울고 가는 바람 소리를 피해 방을 옮긴 것은
 나 때문일까 방 때문일까
 〈

보이지 않는 깊이에 빠져서 허우적대는 나를
보다 못해 옮겨왔을까

목숨이 목숨의 위로가 된다는 것은
몸 부비며 사는 것이라는 듯
내 곁에 바짝 누워서 코를 골다가 깜짝 깨나가

못 이기는 척 저 간절한 인사를 눈감아 준다

# 동행

감은 눈에 대한 분분한 說이 있지만
누구도 단정 지어 말할 수 없는 것은

신의 대답이 아직 도착하지 않았기 때문이다

문명이 적어낸 답안지는 목숨의 껍질일 뿐이어서

그이는 대답 쪽으로 대답 쪽으로 걸어가는 중인데
사람의 셈으로는 이제 막 사춘기가 되었다는
동행의 눈빛이 먼 호수처럼 깊고 고요해서

하마터면 그 앞에 합장할 뻔했는데

둘이는 그저 데면데면 걸어간다
굳이 묻고 대답할 것이 없다면
저들은 꽤 먼 길을 왔을 것이다

 말 아니어도 우주를 알아듣는 벗을 잠깐씩 돌아보며
 그이가 눈웃음을 웃는다

〈

　정말이다 눈으로 웃었다

　그걸 또 알아듣고 앞발을 탁탁 구르며 조금 빠르게 길을 잡는 동행

　좋은 곳으로 가는가 보다
　좋은 곳으로 가야만 한다

# 나는 나의 옛집이다


왼쪽 발바닥이 악을 쓴다 오른쪽 고관절이 외마디를 뱉는다 둘이 똑같은 말인데 서로 못 알아듣는다

툇마루 기둥은 척추측만증 진단서를 불 없는 아궁이에 던진 듯하고

언제 피었나 개망초꽃은 벌써 지는 중이다

무슨 감잎이 벌써 붉었느냐고, 제가 어디서 왔는지도 까마득 잊은 까마중이 빈 인사를 흘린다

서 있는 것들은 모두 짝다리를 짚었는데 한때 유행이었다는 그 자세가 비롯된 날짜는 불쏘시개로 써버린 눈치다

한사코 모로 누운 것들은 열리지 않는 문을 경계하는 중이지만

장독대에 고인 빗물에 눈동자를 헹구고 가는 것들이 내내 궁금하다

〈

　잘못 건드리면 아주 주저앉을까 봐 바람 불 때마다 눈을 감는

　나는 나의 옛집이다

　처음에는 고개 바짝 쳐든 팔작지붕이었다

# 노숙


사람의 마을 아득하여, 적막조차 소란한 저녁


댓돌도 없는 문 앞에 허물처럼 벗어둔 신발을 빌린다
해종일 끌고 다닌 고단이 물속처럼 깊어서
초저녁 별빛도 닿지 못하는데
체온인지 체념인지 알 수 없는 온기가 희미하다

턱없이 길기만 한 몸뚱이가 가끔 서럽지만
습관성 외로움을 들키지 않으려고

달무리처럼 말아둔 몸 가운데에 머리를 묻는다

나의 옛길을 지나온 듯 감국의 노랑이 드문드문 묻어 있는 신발

우리는 멀리 에돌아 다니지만 못 본 듯, 모르는 듯 스치기도 하지만
딱, 마주치는 순간이 와도
둘 중 하나가 비켜서서 길을 여는 암묵적 동의가

있었다

   해 들기 전에 스르륵, 사라지는 소리 쪽으로
   안부처럼, 낮은 기침을 내보내는

   저이를 한 발로 뛰게 할 수는 없으니
   내일도, 이슬이 마르기 전에 나서야 한다

# 시든 참외를 깎는다


새파랗게 날을 세워
단칼에 베어내야 한다지만

당신이 내게 주신 길은 베어낸 것이 아니고 끊어낸 것이었는데
베어내다와 끊어내다를 구분하기까지 칼질 낭자했다

이른 봄 들판의 연둣빛이거나
백만 년쯤의 어둠을 삼킨 듯
바람 한 점 없는 눈동자에 무딘 칼을 들이대고도

베어내지 못하고, 끊어내지 못하고, 짓뭉개던,

그것들 모두 내 목숨에 들러붙어
뼈마디마다 구멍 숭숭 지어놓았지만

단칼에 베어낸 것들의 이름이 지워지지 않는다

설익은 참외를 껍질째 베어먹던 눈부신 입을 안다

〈

참외 넝쿨쯤은 먼 눈길로 살피는 낮달을 닮아
군살 덜어낸 칼 하나 내 몫으로 부르던 입이다

# Part 3

갈치 조림을 먹는 자세

## 끝물

이제 텃밭 오이도 다 늙었다. 함부로 터지고 꼬부라져도 혀를 차는 이도 없다. 대추도 붉었고 김장 무도 다 굵었다. 당신을 꺼내도 되는 계절이 아닐까, 가슴을 열어본다. 아무리 후벼파도 당신은 보이지 않는다. 너무 깊이 묻었거나 작정하고 돌아간 탓일 테지만, 저만치 들리는 물소리도 상관없다고는 못할 테다.

단풍이 내려온다는 전갈이다. 기다리지 않아도 오는 것들 때문에 추위가 깊어도 문을 열어둔다. 하필이면 얼어 터진 안부의 도착이 그때쯤이다. 세상에서 가장 희미한 글씨로 위로를 적어둔다. 녹아도 지워져도 나는 그저 있으니 굳이 확인할 것 없다. 부디 도착하지 말아라.

너무 꽁꽁 얼면 마음도 손도 어림없으니 내일쯤 문짝을 떼어버릴까 한다.

단풍보다 붉은 방언이 터진다.

## 심우도

천둥과 번개가 차례도 없이 들이닥치고
대못을 치듯, 빗줄기 그악스러워
죽은 나뭇가지 같은 뿔이나 빈 구유에 비벼보는데

앞산이 한꺼번에 들어오는 문짝을 걷어차며
슬픔보다 지독한 폭풍이 몰려와
무너지고 주저앉는 것들의 외마디 수북하다

바람이 지나가는 걸 바라보거나

푸른 것들이 우거지는 날들을 낱낱이 살피거나

가슴 뛰는 발소리를 향하던 날들도 있었는데

빗줄기에 두들겨 맞으며 찾아온 등짝이
소용없는 줄 알면서도 기웃기웃 가릴 것들을 찾아보다가
저도 나도 흠뻑 젖어서 덜덜 떨면서

부질없이 식은 입김이나 주고받는데

구유 한가득 염려가 넘쳐서

비에 젖은 심우도 한 폭이 선명하다

## 꽃은 말고

늙은 짐승처럼 늦잠 든 공원 길을 걷는다
지난여름 이름도 모르는 뱀 한 마리 마주쳤던
연못가를 곁눈질로 살피는데 저만큼 연꽃 한 송이 환하다
감사해라, 바쁘게 다가갔더니
연꽃은 없고 허옇게 뒤집힌 연잎 후르르 흔들린다

이제 막 출발했을지도 모르는 연꽃을
이파리를 빌어 미리 바라본 것이구나
내가, 꽃이다! 라고 반겼으니
그래, 잎을 꽃이라고 여기겠다
한사코 아니라고 고개 젓는 것들일수록
향기 그윽하고 손짓 눈부시다

저렇게 시퍼렇게 우거진 것을 보면
향기로운 것들이 모두 아름답거나 순한 것은 아닌 듯하지만
얼마나 오래 저를 다스려 우거졌겠는가

꽃은 말고,

저 이파리를 벗으로 두겠다

서릿발 같던 네 곁으로 조심조심 다가가던
그때도 늦여름이었다

# 목련 지다

아껴둔 날짜에 관한 최후진술을 믿어보려다가

수습하기 난감해진 주검에게
꽃다이 졌다는 헌사獻辭를 썼다가 지운다

사월 한나절 햇볕 쪽으로 발을 디밀면
젖무덤 가득 뽀얀 안개 차올라
젖은 것들을 다독이기에 마땅할 테지만

입술 깨물어 한 됫박쯤 뜨건 피 쏟고 나면
초록은 이미 우거질 테지만, 나는

이번 봄에도 당신을 알아듣지 않겠다

귀 없는 내 곁에서 한사코 피고 지는

당신도 참

## 갈치조림을 먹는 자세


얼음 위에 누운 갈치와 눈이 마주쳤지만

내게도, 뜬눈으로 생을 접은 인연이 있었으니
눈물 없이 너를 읽어도 미안하지 않겠다

비린내가 도착하기 전에 갈치를 토막 낸다

기억할 수 없는 먼 갈피에서부터 내 것이었던
한 덩어리 살점

내가 나를 끓이고 졸이는 날들이 자글자글한대

거기서도 우리는 돌밭에 핀 작은 꽃들을 꺾었을까, 밟았을까

죽어서도 눈 감지 못하고 내게 온 너를
내 목숨에 이어 붙이겠다고
무딘 칼날을 빌려 옮겨적는 그저 그런 저녁

상가의 맨 마지막 조문은 죽음의 형식을 부인하는 자의 몫이다

# 등이 가렵다


돌아가지 않으려고 버티는 것들을 이해한다

목을 꺾어도, 팔을 구부려도,
거기서 꼼짝 않지만
간혹 윗목 쪽으로 끌어올려지는
물기 빠진 땅 한 뼘

아주 가끔 그쪽에서 아는 척할 때나
닿지 않는 손을 뻗었지만

수만 평 애면글면을 양귀비처럼 숨겨 키우면서
흥청망청 달빛을 퍼 쓰기도 했지만

저렇게 헐거워질 때까지
맨발로 뛰어가던 울울창창 곁에서

심지 않아도 피고 지던 것들을 적어두고
제가 꽃인 줄 아는 버섯의 영토가 있다

저 깎아지른 절벽도 등짐을 질 때는 벌판이 된다

# 복숭아

언제 훔쳐 갔나?

기꺼이 도둑맞고 싶었던 저녁과
기댈 곳을 찾지 못한 분홍이 쭈그려 앉아서
제 살점을 갸웃대는 눈부신 오후

살점 후벼파서 욱여넣은 연애를 파먹듯
단물 줄줄 흐르는 유월

여러 번 다녀간 빗줄기가
작정하고 쏟아내는 목격담이 절정을 향하는데

상하기 직전의 농염을 고백하는

모든 시작이 너였다고
네게서 비롯된 눈부신 죄악이었다고

칼 없이도 벗겨지는 껍질을 나붓대며
나야, 자지러지는

거룩해라, 저렇게 커다란 고백 한 방울

## 해찰

오지 않은 편지에 답장을 쓴다
앵두꽃이 피는 중이라고 쓴 행간에서 그믐밤 냄새가 난다

백 년쯤 후에나 본가입납$_{本家入納}$으로 도착할 답장에서
문득, 강물이 흐른다

앵두나무 밑으로 자리를 옮겨
오지 않은 편지를 환하게 읽는다
마음에 적은 편지가 무슨 소용이겠느냐고 웃기도 했었지만

내가 쓰는 것은 편지가 아니고 답장이다

앵두나무가 제 그림자를 거두어 몸속에 집어넣는다

없는 편지를 펼쳐두고 쓰는 답장을 지우는 어둠
그러나, 어둠과 오지 않은 편지와는 아무런 인과관계가 없다

저무는 것들의 심사가 그러할 뿐이다

꽃에도, 나무에도 보여줄 수 없는 한 줄 때문에
나는 이 어둠이 달다

## 꽃이 다녀가셨다

애기똥풀 숲에서 혼곤한 꽃을 본체만체
우거진 애기똥풀을 말끔히 베어내고 땀을 닦는 손
이 있다

애기똥풀은 애기똥풀의 자리에서 피고
민들레는 민들레의 자리에서 핀다

사내가 빈손을 썩썩 부빈다

\*

제 몸에 터를 잡은 꽃이 가뭇없이 졌다고
동그란 무릎에 머리를 묻고 민달팽이처럼 웅크린
어깨에
잔물결 일렁인다

꽃이 다녀가시는 일은
아주 없는 일은 아니어서

베어내거나 가뭇없이 지거나
애기똥풀도 민들레도 봄이면 다시 핀다

## 햇볕은 쨍쨍


한 발짝 앞의 잔디를 향한 개미의 행렬이 보도블록을 지나간다
풀씨만큼 작은 種이어서 다리를 접고 쭈그려 앉아야 보인다

저 작은 최선은 목숨을 건 도전일 대지민
맨손 부비며 떠나는 사정이야 누구라도 같을 테고

혹, 어떤 발이 저 행렬을 밟고 지나간다면
자신의 발이 죽음에 관여했다는 것도 모르는 채
농담보다 가벼운 멸망이 일어날 것이다

역사는 늘 정확하다지만 친절한 것은 아니어서
어떤 비극은 기억되기도 전에 지워지기도 한다

개미인력 사무소 앞
검은 실토막처럼 끊어진 삼삼오오가 전전긍긍 헤쳐모인다

눈치 없이, 햇볕은 쨍쨍

## 너울성 파도*

　오래된 눈물은 돌보다 단단해서 어느 쪽으로 던져도 깨지지 않지만
　눈물의 무게로 중심을 잡는 목숨이 있는 줄도 알지만

　울지 않는 것들은 무섭거나 가엾다

　게거품을 물고 제 몸을 물어뜯는 바다짐승 하나
　저것은 어떤 단죄인가

　아주 옛날에는 사람의 마을이었다는 저 감옥에서
　파랑을 일구는 바람이 바다의 전생이라면
　끝없이 먼 땅을 꿈꾸는 너울성 파도는 어느 목숨의 후생인가
　작정한 듯 달려들다가 잠깐씩 멈칫거리며
　속속들이 비명인 고약한 형벌

　나는 결국 저 죽음의 아류임을 실토할 것이다

\* 바람이 불지 않아도 큰 파도가 발생하고 쉽게 눈에 띄지 않는다

## 주마가편走馬加鞭의 오류


마구간을 발명한 손들이
탄생의 내력을 재입력시키다가 생긴 오류로
말은, 끝끝내 내닫는다
날뛰지 않고도 살아남는 방법을 모르는 어떤 말은
천적의 아가리를 초원의 입구로 믿지만


저 혼자 태어나고 스스로 살아남는다고 우기지 마라


야생의 습성을 생각해 보면
말은, 가두는 것도 아니고 방목하는 것도 아니어서
그저, 뛰어야 사는 목숨으로 태어났다


내닫는 방향에 따라 몸을 불리거나 비루먹거나
얼룩말이라고 분류되거나
아주 가끔 맹수의 무리에 끼어들기도 하는데


그때, 저 유순하고 날렵한 초식의 이빨은
제 살점을 잘근잘근 씹거나
포식자의 목덜미를 겨냥해 보기도 하는데
〈

물어뜯는 것은 말의 본성이 아니어서
풍문의 탄생에 관여하거나
유목의 무리에 합류하는 허름한 낭만을 즐기기도
한다

그러니까 말㳘은 유목의 원형이다

## 꾸역꾸역

잘못 집어삼킨 모이가 걸린 수탉처럼 컥컥거리는데

밥을 그렇게 먹는 건 거지들이나 하는 짓이라고
자꾸 이마를 찌푸리네

배꽃 흐드러지던 미간에 서릿발 성성하네

수시로 들이닥치는 급류와 맞서서
나 혼자 쌓고 허무는 뚝방이
목젖까지 차오른 걸 눈치챈 저 여자
아무래도 귀신이지 싶은데

사랑을 놓치고 정신을 떨군 저녁처럼
멀거니 서 있는
무너진 기억 때문에 나는 또 솟구치네

그중의 몇몇은 내 문장 속에 줄 세워보기도 했지만

부패가 시작된 형용사들이 꾸역꾸역 올라오네
눈물 한 방울만 더해도 무너질 줄 아니까

입을 앙다물고 버텨보네

꾸역꾸역도 좋으니 감당 못 할 것들을
다 삼킬 수 있다면

그때 나는 저 혼자 빈둥거리는 부사副詞로 웃겠네

# 파인애플은 왜

파인애플은 왜, 속속들이 살점이 아닐까요

가문의 문장紋章 같은 껍질을 보면 산 첩첩 물 첩첩의 내력이 있을 것도 같은데

마지막 한 마디를 아껴두는 당신처럼 달큰한 살점 속에 단단한 심지가 버티고 있지요

어떤 이빨이 저 심지를 물어뜯겠습니까

무른 것들의 심중에도 단단한 마지막이 있어서

자르고 가르고 살점 발라내도 우뚝한 심지 하나를 끝끝내 고집하는 것은

내가 지워낼 수 없는 나와 닮았지요

파인애플을 자르다가 두루마리 휴지를 만들어낸 손이 누군들 무슨 상관입니까
〈

나, 라는 문장을 표절하는 사랑도 있는데요

파인애플 곁에 나를 세워두면 어느 쪽이 더 멍청할까요

혹은 쓸쓸할까요

# Part 4

발바닥 사설

# 초록

너무 일찍 다녀간 꽃 진 자리 쪽으로
개나리 줄기 휘어지는 중이다

두드릴 가슴도 없는 줄기에 번지는 초록을
목련 꽃잎 하나가 잠깐 기웃대다 간다

얼음 위에 댓잎자리보아* 둔 손처럼
어림없는 줄은 알지만

텅 빈 발등을 더듬는 푸른 눈자위가
제 속으로 잦아드는 물속처럼 깊지만

쫓아간다고 다 닿을 수 있는 것은 아니다


* 고려가요 만전춘별사

# 목포는 항구다

 거짓말 무성한 골목에서 거짓말처럼 마주친 너 때문에
 말문 턱 막히고 가슴 벌렁거린 적이 있던가

 네가 살고 있는 것도 아니고
 내가 살러 갈 것도 아니면서

 아무도 없는 항구 쪽으로 손 흔들 것 같은

 전생의 내가 버글버글할 것 같은 거기

 햇볕 아래에서도 희미한 이름을
 슬쩍슬쩍 꺼내 보면서
 습관성 그리움이라는 병을 만들어내고

 가슴에 소낙비를 심어둔 이들끼리
 목이 찢어지도록 젓가락을 두들기다가
 막걸릿잔에 엎어졌다던 거기

 무작정이라는 말이 그렇게도 사무쳤지만

결국 찾아가지 못한 그리운 거기

한 줄밖에 못 쓰겠다, '목포는 항구다'

# 변명


일회용 비닐장갑을 낀 쑥개떡이 왔다
손가락을 곱게 접어 쑥개떡을 받쳐 들고 있다

굳이 손가락을 접은 것은 생각 깊었다는 뜻일 테지만
빈 꽃대처럼 조금 수줍은 고백일지도 모른다

봄쑥 돋듯 사무쳤으나 이내 돌아섰다고
뜯어도 치대도 그대로인 생각을 어쩌겠느냐고

날아가지도 않은 나비 쪽으로 눈길 두고
가뭇없이 앉아 있던 봄 들판에
산그림자는 아직 멀더라고

열 손가락을 접었다 폈다
하릴없이 긴 봄날
혼자 깊어졌을 그 마음에 차마 비기랴만

창문 닫아걸고 쑥개떡이나 헤아리는
풀물 든 지 오래인 손도 있다

〈
내 손은, 등 뒤에서 흐느끼는 소심한 짐승이다

## 희망을 더듬다

무게를 못 이겨 찢어진 가지가 떨어진 사과를 그러모아 수묵화를 친다

이빨을 벼리고 목젖을 늘려도 감당할 수 없는 무게에 다른 손을 빌릴까도 싶지만 저 혼자 붉은 사과의 속맛을 짐작할 수 없으니 차마 너에게 권할 수 없다

섣달 그믐밤 얼음 잡힌 앞내처럼 쩡쩡 우는 가슴을 파고들거나 시린 발목을 자근자근 깨무는 달빛처럼 하염없는 사과나무 곁에서 꿈인 듯 생시인 듯 까무룩 하다가도

성마른 사랑으로 칭칭 동여매고 잠들면 사과는 또 거짓말처럼 빠져나갔다가 홀연히 돌아와 팔베개로 눕지만

그 무게가 천근만근이어서 나는 그만 그쪽 팔을 베어버리는 것인데
〈

벌레가 먼저 드신 사과이거나 익기도 전에 떨어진 사과를 골라내다가

오지 않은 것들을 생각대로 짐작해보라는 사과의 술수에 질끈 눈을 감는다

어린 고양이가 실눈을 뜨는 녹작지근한 한낮

천만 번째 사과나무를 베어버리는 봄꿈도 사과꽃도 아득하다

## 발바닥 사설


물론, 쥐는 바닥을 선호하는 족속이지만

하필이면 내 발을 깨무네 잘근잘근 씹네
발바닥에 쥐를 기르더라는 소문이라도 번질까 봐
손끝에 힘을 주고 쫓아보는데
늙은 쥐인가 봐, 교활하기 짝이 없네
쉽게 잡히지 않네
쥐도 못 잡고 밥도 술도 웃음도 다 못 잡고

세상에!
저기 저 쥐들 좀 봐,
언제 저렇게 모여들었을까
아주 내놓고 지나다니네
어머, 어머, 이름도 있나 봐
눈을 맞추고 인사를 하나 봐

잠깐, 나 왜 이렇게 쥐를 닮았지?

목덜미 간질이는 햇살에도 소름 돋고
오이꽃 닮은 미소도 믿을 수 없어

〈
어디 후미진 곳 없을까?
나는 쥐가 아니라는 해명이라도 곰곰 준비해야겠어
우선, 발바닥 쥐부터 잡아내고

그러지 마, 나 좀 부르지 마

# 지리멸렬

먹은 것도 없이 배가 부른 까닭을 알 수 없어서
섭생의 목록을 뒤적이는데
가을 들판처럼 붐비는, 저것들을 내가 다 먹었다고?

밥을 먹었고 술을 마셨고 욕을 먹었다
간식처럼, 분노와 편견과 쓸쓸을 삼켰다
씹지도 않고 삼킨 날것들이 구석마다 몰려다녀서

금방이라도 터질 듯 부글거리는 뱃속을 기꺼이 감당해야 한다

꼭꼭 씹어 삼켜라

먹을 것이라고는 세잎국화 이파리에 앉은 밀잠자리 가슴살밖에 없는데,
뒷산 돌배만 한 겹눈을 부라리는 그것들도 만만치 않아서 번번이 허탕이고

빈 입에 씹어 삼킬 건 지난밤의 악몽밖에 없었는데

〈

    그때부터 나는, 쓸쓸이 어떻게 소화되는지 알고 있다
    일용할 양식이었던
    구름의 갈비뼈를 판본하듯 그려낼 수도 있다

    꼭꼭 씹어 삼키라는 말씀을 끼니라고 우기던
    키가 크고 어깨가 넓은 저녁이 있었다

## 건강검진 소견서


어떡하지, 어디다 감추지,

어디서 자꾸 돌팔매가 날아온다고
잘 익은 수박에 쩡, 금이 가듯 갈라진 것이라고
칭칭 묶어두던 머릿속에 냇물처럼 맑은 피 졸졸졸 흐른다니
나, 이제 어떻게 빈둥거리나
침묵으로 휘어잡나
몸의 말을 오역하며 속으로 킬킬거리나
나도 찾을 수 없는 비밀장소를 찾다가
아, 나 정말 머리가 아프네
그냥, 발설해 버릴까 아니야
비밀은 때로 무기가 되기도 하니까
그래, 오진일지도 몰라
지금도 머리가 깨질 것 같은데
뇌혈관 질환의 문제가 아니라면
내가 짐작하는 병증이 맞을 거야
그렇다고 이 야릇한 병증을 고백하면
벌 떼처럼 달려든 관심들이 등짝을 후빌 텐데
이제 그만, 나를 감춰야지

물길 막아둔 갈비뼈 옆 뚝방 아래라면
화타가 와도 못 찾을 테지

나, 한사코 아플 거야

그래도 안 와?

# 사물이 거울에 보이는 것보다 가까이 있습니다

지어 먹은 쓸쓸 없이도 고개를 돌릴 때가 있다

허공을 밟겠다고 허방을 밟는 것은
도대체 비울 줄 모르는 침엽수의 초록과
철 지난 외투 주머니 속의 기억이 한통속이라는 뒤늦은 생각 때문이지만

어린 염소의 수염처럼 성가신 것들 쪽으로 기우는
캄캄한 귀를 탓하며

닿을 수 없는 것들은 보이지 않는 것과 동격이라고
늙은 뱀처럼 느릿느릿 방향을 바꾼다

여름에 봄꽃을 이야기하고
겨울에는 눈꽃이라는 거짓 사랑을 뭉쳐보기도 하지만

뒷걸음질에 익숙해지는 내가 낯설어서
거울을 깨트려보고도 싶은데
〈

꺼내고 싶지 않은 것들만 반짝이는 까닭을 모르겠다

그렇다고 나를 꺼내 놓고 너라고 우길 수도 없고

# 미라

 이집트의 미라들은 심장을 가지고 있다는데*

 죽음을 가두는 손이 저지른 형벌로 목숨의 경계에 몸이 갇히고 몸 안에 거처를 남겨둔 마음은 깃들 곳 없는 멧비둘기처럼 핏빛 울음으로 떠도는 것은 아닐지.

 가령, 사랑 따위를 담아둔 적이 있다고 치자. 차마 쏟아버릴 수 없어서 깊이 더 깊이 묻어두다가 가끔 명치를 두드리며 왈칵왈칵 울음 올렸다고 치자. 스스로 화석이 되는 마음이 있다고 치자. 몸이라는 그릇에 담아두기에는 너무 귀한 이름이어서 마른 꽃처럼 조심조심 지니고 떠나려 했었다면 끝끝내 심장을 고집하는 무지를 어떻게 용서할 수 있을까. 그런데

 죽은 것도 아니고 산 것도 아닌 나는 지금 어디를 헤매고 있는 것인가 찾아서 꼭 쓸 곳이 있는 것은 아니지만 도대체 어디에서 심장을 흘렸을까.

 지는 것들을 돌아보는 하릴없는 버릇이 자꾸 우거

진다.


　* 고대 이집트인들은 미라를 만들 때 심장을 남겨두었다고
한다

# 강 건너 불구경

못 본 척한 며칠 사이 동네 참새들이 들깨밭을 차지했더라는데

그것들 사방팔방 파발을 띄운 듯
거대한 참새 나라가 세워졌더라는데
건국 기념행사가 그럴듯했는지
그 넓은 들깨밭 수확이 이미 끝나고
홀가분해진 들깨숭어리들 파랗게 흔들리더라는데

남의 집 일 년 농사를 단번에 털어간
저것들의 새 나라가 내내 번성할 것 같지는 않지만
텃새로 눌러사는 걸 보면
사람을 앞서는 어떤 비책이 있는 듯도 하다고
올해 들깨 농사를 어쩌면 좋겠느냐고 발을 구르는데

내가 특별히 보탤 말은 없지만
옛날에 옛날에 혹 참새를 잡아먹은 적은 없었느냐고
사는 게 다 먹고 먹히는 거지 별거 있겠느냐고

들깨 먹은 참새나 잡아보라고

나도 참새고기 맛있는 줄 안다는 말은 쏙 빼고

남의 집 들깨 털린 이야기나 즐거이 퍼 나르는 중이다

# 나비 촛대


불에서 태어난 나비가 촛불에 앉았다

이미 나비가 되었으므로,
더 무엇을 빌어야 하나, 궁리 깊은 듯한데

우선은 제 몫의 촛불이 꺼지지 않도록
이번 생에서는 접지 않을 날개를 탁본 중이다

달아오른다고 모두 타오르는 것은 아닐 테지만

사실은 세상이 눈치채지 못할 날갯짓으로
촛불은 일렁이고
어쩌면 좋겠느냐고, 함께 흔들리는 창밖 오동나무 그림자에게
언제고 한 번은 네게 날아가 앉아보겠다고
없는 입술을 깨무는 나비를

굳이 믿고 싶어진다

시도 때도 없이 마음을 옮겨 적은 죄를 묻겠다는

것인가
 흔들리는 촛불이 뜨거운 나비를 운다

# alzhemer 1

정신을 먼저 보냈더니 마음이 자꾸 낯선 언어를 꺼냅니다

내가 언제 저 말들을 길렀을까요?

멋대로 들어와서 내 주소를 빼돌린
저 말의 본적을 생각해내는 일에 하루만 쓰겠습니다

사람도 아니고 귀신도 아닌 저것들 좀 조용히 시켜주세요

마음을 잡아두려고 뛰다가 신발이 벗겨졌어요
얼마나 선호하던 맨발인지요

나를 염탐하러 온 바람 쪽으로 입김을 불어요
자꾸 돌아오네요 치근덕거리네요
아무래도 나는 이곳의 종족이 아닐 거예요
내 나라로 돌아간다니 갑자기 목숨이 환해지네요
〈

봐요! 이제 막 피기 시작하는 칡꽃의 반려가 될 수 있다네요
달빛에 구워낸 당신을 밤새 뜯어먹을 수 있다네요
다시는 설익은 것들에 체해서 가슴팍 두드리지 않을 거라네요

나는 이제 마음이 넘쳐요 정신 따위 기다리지 않겠어요
라라라, 입력해둔 모든 노래가 밤낮없이 흘러나와요

울지 마세요
슬픈 영화는 아니었잖아요
런닝타임이나 확인하세요

# 누란


영토를 지키려는 묵언수행이 極에 달한 듯 수시로 몸을 바꾸는 타클라마칸

꼬리가 잘린 뱀처럼 저녁과 밤이 두 개의 몸이었던 누란의
마지막 후손이 바람이라는 설을 믿는다

모래 무덤 속에는 의붓자식처럼 숨어 자라는 나무들이 있고
썩지 않는 사과나무를 경작하는 모래 농법이 뜨거웠는데

내가 그곳에서 길을 잃었을 때
한 곳을 가리키던 바람의 손끝에서는 사과나무 아래에서 금방 묻혀 온 비릿한 풋내가 났다

그때 내게 묻어온 바람의 씨앗은 아직도 시험 재배 중이어서

나는 수시로 마음을 갈아엎는다

〈

 습기 많은 토양에서는 웃자라는 식물이 많다기에 자주 마음을 열어두지만

 묻어둔 것도 없는 나의 누란에 바람이 가끔 다녀간다

# 동굴

아주 어릴 적에 빈 항아리 속에 내 목소리를 가두며 놀았는데
그때 몇 마리 풀거미가 항아리를 빠져나갔는데

내가 빈 항아리처럼 텅텅 비었을 때
하늘 쪽으로 우우우우 빈 울음을 내보내다가
빈 항아리네, 툭툭 치면서 지나가거나
까닭 없이 휙 돌려 보는 손 있을 때면 풀거미 생각이 나곤 했는데

그렇게 떠난 풀거미를 다시 만날 수는 없겠지만
눌러살 것도 아니면서
항아리 가득 목소리를 가두던 그 일은 미안하게 되었다고
혼자서 중얼거려 보기도 하는데

바늘 끝만큼도 빈틈없이 쟁여둔 목소리가
자꾸 가랑비 소리를 흉내 내는데

내 저장강박의 품목은 하나뿐이지만

그만하면 비루하게 산 것은 아니어서

이미 있는 것들을 없다고 여기거나
내 것이라고 우기면서

동굴 속에서도 고슬고슬 마르는 저마에 손을 담근다

## 해설

# 이 아픈 것들의 목록

### – 박미라 시집 『파리가 돌아왔다』 읽기

오민석(문학평론가·단국대 명예교수)

I.

아무나 질문을 던지지 않는다. 아무나 사유하지 않는다. 하이데거M. Heidegger는 "물음이라는 존재 가능성을 지닌 존재자"를 "현존재Dasein"라 부른다. 현존재는 물음을 통하여 본래적인 실존과 비본래적인 실존을 드러낸다. 비본래적인 존재는 존재와 세계의 여기저기에 뚫린 구멍들을 보지 못하거나, 못 본 척하거나, 아니면 은폐한다. 이런 점에서 시인은 "물음이라는 존재 가능성"을 지닌 대표적인 현존재이다. 시인은 비본래성이 은폐하는 모든 것을 탈은폐한다. 시인의 눈을 통하여 존재와 세계의 결핍과 궁핍이 드러난다. 비본래성이 진리를 은폐할 때, 시인은 아픈 것들의 목록을 들이대며 본래성을 궁구한다. 그러므로 시인에겐 어느 시대든 "궁핍한 시대"(횔덜린F. Hölderlin, 「빵과 포도주」)이다. 하이데거에 따르면, 궁핍한 시대는 이미 너무도 궁핍해져서 궁핍 자체마저 은폐한다. 그에 따르면 "궁핍함이라는 이러한 궁핍 자체가 어둠 속으로 빠져들어가 [자신의 궁핍함을 더 이상 경험할 수조차 없는] 이러한 할 수 없음Unvermögen이야말로 시대의 단적인 궁핍함"이다.

박미라 시인은 이런 점에서 (전형적인) "궁핍한 시대의 시인"(횔더린)이다. 그녀는 궁핍한 시대가 은폐하는 것들의 목록을 열거한다. 그녀는 거대 서사로 목청을 높이지도, 이념의 뜨거운 날로 세계를 겨누지도 않지만, 존재와 세계의 몸통에 줄줄이 뚫린 구멍들을 드러낸다. 자만으로 가득 찬 세계가 감추고 있는 무수한 흠집들이야말로 존재의 본래성을 구축하는 것들이다. 모자라고 부족하고 아픈 것들의 집합으로 세계를 이해하는 순간, 본래적으로 덜 떨어진 (결핍된) 것들 사이의 소통과 이해와 사랑이 생겨난다. 신을 죽인 세계에, 즉 "신의 결여Fehl Gottes"(횔덜린)를 통해 구축된 세계에 결핍 아닌 것이 어디 있으

라. 저기 저 아픈 것들이 여기 이 아픈 것들을 볼 때, 저기와 여기, 저것과 이것의 본래성이 드러난다. 하이데거의 말대로 "망각이, 궁핍한 시대의 궁핍성이 은폐된 본질"이라면, 박미라 시인이 하는 일은 이 망각의 늪을 뒤흔들어 은폐된 궁핍을 드러내는 것이다.

    길 건너에서 싸우는 소리 들린다
    그 옆 버드나무에서 잠들었던 새들 화들짝 깨었겠다
    그동안 흘려들었을 사람의 말 다시 배우겠다
    유난히 그악스럽게 우짖는 새를 본다면
    새벽 싸움을 구경한 새들인 줄 믿겠다

    아직 문 열지 않은 편의점 앞에 사내 둘 쭈그려 앉아 있다

    새소리도 사라진 새벽이 무겁다는 것인지
    빈 담뱃갑이 툭, 떨어진다

    새들이야 어쩔 수 없겠지만
    〈

저이들, 소주나 한 병 사주고 싶다

─「풍찬노숙」 전문

　보라, 세계는 "풍찬노숙" 중이다. 새벽에도 사람들은 싸우고, "버드나무에서 잠들었던" 새들은 불화하는 "사람의 말"을 배운다. 아마도 싸움의 주인공이었을 두 사내가 "아직 문 열지 않은 편의점 앞에" 지쳐 쭈그리고 앉아 있다. 그들 사이에서 "빈 담뱃갑이 툭" 떨어지는 소리는 아프고 쓸쓸한 생의 조종 소리 같다. 담뱃갑이 다 비도록 이들은 얼마나 큰 목소리로 싸우고 거친 숨을 몰아쉬었으며 스스로 한심했을까. 사람들의 싸움 소리로 잠을 설친 "새들이야 어쩔 수 없지만", 시인은 저 결핍의 사내들("저이들")에게 "소주나, 한 병 사주고 싶다"라고 읊조린다. 결핍의 존재가 결핍의 타자에게 던지는 이 문장이 이 작품을 일종의 '헌시獻詩'로 만든다. 이 시는 누구에게 바쳐지는가. 이 시는 궁핍의 시대를 사는 그 모든 결핍의 존재들에게 바쳐진다.

　　겨울 한가운데를 비비고 다니는 파리의 꼬락서
　니가

나는 자꾸 익숙한 것이다

잡동사니도 잡동사니도 되지 못하는

나를, 아무 구석에나 처박고 싶은 것이다


집 안에 들어와 겨울을 버티는 파리가 있다니

그래봤자 파리목숨인데

　　　　　　　　　　-「잡동산이雜同散異」부분


  하이데거는 시대가 궁핍한 이유를 "고뇌와 죽음 그리고 사랑에 대한 본질의 비은폐성이 결여되어 있기 때문"이라고 말한다. "비은폐성"이란 '탈은폐성'과 유사한 말이다. 특정 시대가 궁핍한 이유는 그 시대가 고뇌, 죽음, 사랑에 대한 본질을 드러내지 않고 (비은폐; 탈은폐) "궁핍함 자체가 궁핍한 채로 있기" 때문이다. 위 작품에서 화자는 궁핍함 자체를 궁핍한 채로 놔두지 않고 탈은폐한다. "파리의 꼬락서니"가 "나"에게 자꾸 익숙한 것은 나와 파리 사이에 친족 유사성family resemblance이 있기 때문이다. 그 유사성은 "잡동사니도 되지 못하는", "파리목숨"이라는 정체성이다. 그리하여 화자는 파리처럼 "나를, 아무 구석에나 처박고 싶"다고 말한다. 비본래적 실존은 파리와 다를 바 없는 자신을 들여다보지 않는다. 그것은 허영과 망각 속에서 "파리목숨" 같은 자신의 실존을 숨긴다. 이 철저한 은폐는 존재 물음을 차단하고 존재의 본질을 영원히 소외시킨다. 비본래적 실존은 결핍의 흔적들조차도 완전히 사라지게 만듦으로써 본래적인 것을 지운다. 시인이 던지는 존재 물음은 이렇게 은폐된 '본래적인 것'의 회복을 향해 있다. 그러나 인간 존재가 자기 안의 "파리의 꼬락서니"를 읽어낸다는 것은 얼마나 괴로운 일인가. 박미라의 시들은 고통스러운 존재 물음들에 씌워진 미적 형식이다.

II.

박미라의 존재 물음이 절실한 이유는 그것이 존재의 바닥을 뒤흔들기 때문이다. 그녀는 결핍의 흔적이 아니라 결핍 자체를 탈은폐하면서 존재의 본질에 닿으려고 한다. 그녀는 마치 안 보이는 바닥을 확신하며 주저 없이 바다로 뛰어드는 프리다이버 같다. 그녀는 아무런 호흡 장비도 없이 숨도 쉬지 않고 존재의 바닥으로 내려간다. 본래적인 존재는 이렇게 존재의 어둠이 완전히 벗겨질 때 비로소 드러난다.

왼쪽 발바닥이 악을 쓴다. 오른쪽 고관절이 외마디를 뱉는다 둘이 똑같은 말인데 서로 못 알아듣는다

툇마루 기둥은 척추측만증 진단서를 불 없는 아궁이에 던진 듯하고

언제 피었나 개망초꽃은 벌써 지는 중이다

무슨 감잎이 벌써 붉었느냐고, 제가 어디서 왔는지도 까마득 잊은 까마중이 빈 인사를 흘린다

…(중략)…

잘못 건드리면 아주 주저앉을까 봐 바람 불 때마다 눈을 감는

나는 나의 옛집이다

처음에는 고개 바짝 쳐든 팔작지붕이었다
― 「나는 나의 옛집이다」 부분

이 시에서 "나"의 은유인 "나의 옛집"은 거의 폐가 상태에 있다. 기둥은 "척추측만증"에 걸린 것처럼 휘어지고, 문짝들은 제대로 열리지 않으며, "잘못 건드리면 아주 주저앉을" 것처럼 낡았다. "나"는 자신을 그런 "옛집"에 은유한다. "고개 바짝 쳐든 팔작지붕"은 이제 죽음을 향해가고 있다. 이 작품은 존재 안에서 존재를 운명의 마지막 순간까지 지배하는 '죽음'의 속성을 탈은폐하고 있다. 존재가 존재의 죽음을 읽는 것, 그리고 그 위에서 존재의 의미에 대하여 질문을 던지는 것이야말로 존재 물음의 마지막 정거장이다. 이렇게 "고뇌와 죽음"에 대한 본질을 탈은폐하는 자만이, 다시 말해 존재의 바닥으로 다이빙한 자만이, 사랑과 희망의 본질에 관하여 이야기할 수 있으며 다시 올라올 길을 안다.

 빈곤의 탄생에 관하여 궁구窮究한 적이 있다


 가뭄 든 강바닥이 뱉어낸
 납작한 목숨이 자꾸 낯익어서였는데


 뜯어먹을 것이라고는 가시밖에 남지 않은 몸에서

뭉클뭉클 쏟아지는 비린내의 근원이 궁금했는데

다 삭은 나무 울타리 아래 꽃씨를 뿌리던 손과
살 속 가시가 어른대는 저 물고기를 나란히 세워
보면

믿기 어렵겠지만
마지막 남은 살점을 내일까지 아껴두려는 습성
까지
그린 듯 닮았다


그러니까 빈곤에서 풍기는 상한 냄새는
젖은 창호지처럼 쓸데없이 고집 센 희망인데

하다못해 썩은 냄새라도 풍겨보려는
목숨의 찌꺼기와 마주친 후에

죽을 것들과의 눈맞춤을 그만두기로 했다
　　　　　　　　　　　　　－「강준치」전문

앞의 작품이 존재 안의 죽음 읽기라면, 이 작품은 그 죽음의 한복판에서 "썩은 냄새"처럼 피어오르는 "고집 센 희망" 읽기이다. 손쉬운 희망은 죽음의 바닥을 망각한 비본래적 존재에게서 나온다. 궁핍의 시대에 진정한 희망은 절망의 바닥에서 죽음과 함께 피어오른다. 화자는 "가뭄 든 강바닥에서" 죽은 "납작한 목숨"("강준치")이 "자꾸 낯익"다고 말한다. 이런 점에서 (앞에 인용한 시에서) "파리의 꼬락서니"가 낯익다고 한 화자와 이 시의 화자는 동일인에 가깝다. 화자는 마른 강바닥에서 말라죽은 강준치에게서 "뭉클뭉클 쏟아지는 비린내의 근원"을 궁구한다. 그는 놀랍게도 그것이 "다 삭은 나무 울타리 아래 꽃씨를 뿌리던 손"과 "그린 듯 닮"은 것임을 발견한다. 그가 볼 때, "빈곤에서 풍기는 상한 냄새는/ 젖은 창호지처럼 쓸데없이 고집 센 희망"이다. 간단히 말해 시인은 "목숨의 찌꺼기"인 죽은 몸에서도 "고집 센 희망"의 비린내를 읽는다. 한국 문학에서 이보다 더 처절한 '희망의 정신'을 찾기란 당분간 힘들 것이다. 이 희망에 믿음이 가는 것은, 그것이 죽음의 바닥에서 "뭉클뭉클" 쏟아지는 것이기 때문이다.

III.

이렇게 보면 박미라의 시는 두 가지 궤도 위를 지나며 존재와 세계를 만난다. 그 한 궤도는 미적 존재 물음을 통하여 비본래적 실존이 감춘 결핍과 고뇌와 죽음의 본질을 탈은폐화하는 것이고, 또 하나의 궤도는 그 고뇌와 죽음의 밑바닥에서 "고집 센 희망"에 관하며 말하는 것이다. 문학은 존재의 누추함 속에서 존재의 본질을 읽지만, 더 나은 미래에 대한 희망을 버리지 않는다. 『희망의 원리』로 유명한 에른스트 블로흐E. Bloch는 문학을 더 나은 미래를 향한 "예기적 조명(미리 비춤)anticipatory illumination"이라고 정의하였다. 그에 따르면 "진리란 사실들의 반영이 아니라 과정의 반영이다. 즉 진리란 궁극적으로 아직 되지 않은 것the-not-yet-become의 경향성과 잠재성의 조짐이며, 그것의 활성제를 필요로 한다." 문학(시)은 비본래적 존재가 "아직 의식하지 않은 것the-not-yet-conscious"을 먼저 의식하고, '아직 되지 않은 것'의 도래를 미리 알고 비추는 활성제이다. 문학은 고통의 어두움에서 희망의 등불을 들어 올린다. 그리고 이 모든 고통 읽기와 희망 읽기는 하나의 뿌리, 즉 유토피아 욕망에서 비롯된다. 유토피아는 아직 의식하지 않고 아직 되지 않았으나 지금-이곳보다 더 좋은 어떤 것이므로, 현재의 궁핍을 읽는 가장 유효한 기제이다. 유토피아 욕망은 아직 의식되지 않은 것을 의식하고 아직 되지 않은 것을 실현하려는 욕망이므로 도래할 미래에 대한 희망의 형식으로 표현된다.

> 늙은 짐승처럼 늦잠 든 공원 길을 걷는다
> 지난여름 이름도 모르는 뱀 한 마리 마주쳤던
> 연못가를 곁눈질로 살피는데 저만큼 연꽃 한 송이 환하다
> 감사해라, 바쁘게 다가갔더니
> 연꽃은 없고 허옇게 뒤집힌 연잎 후르르 흔들린다
>
> 이제 막 출발했을지도 모르는 연꽃을
> 이파리를 빌어 미리 바라본 것이구나
> 내가, 꽃이다! 라고 반겼으니
> 그래, 잎을 꽃이라고 여기겠다
> 한사코 아니라고 고개 젓는 것들일수록
> 향기 그윽하고 손짓 눈부시다
>
> ─「꽃은 말고」 부분

이 시에서 세계는 아직 "연꽃"이 아니라 "연잎"이다. 그러나 시인은 연잎 너머에서 다가올 연꽃의 세계를 '미리' 읽는다. 블로흐의 말대로 진리란 현재의 '사실들'이 아니라 다가올 '과정'이다. 시인은 아직 의식하지 않고 아직 되지 않은 것을 '미리 비춤'으로써 현실 속에 유토피아를 끌어들인다. 다가올 연꽃 때문에 연잎의 결핍이 드러난다. 그렇지만 연잎이 피이니아 연꽃이 도래할 것이므로 연잎은 희망의 '예기적 조명'이다. 그러므로 꽃이 아니더라도 상관없다. "내가, 꽃이다! 라고 반겼으니" 잎은 이미 꽃의 잠재성이다. 그러니 그 "향기 그윽하고 손짓 눈부시"지 아니한가.

오지 않은 편지에 답장을 쓴다

앵두꽃이 피는 중이라고 쓴 행간에서 그믐밤 냄새가 난다


백 년쯤 후에나 본가입납本家入納으로 도착할 답장에서

문득, 강물이 흐른다

〈

앵두나무 밑으로 자리를 옮겨
오지 않은 편지를 환하게 읽는다
마음에 적은 편지가 무슨 소용이겠느냐고 웃기도 했었지만

내가 쓰는 것은 편지가 아니고 답장이다

앵두나무가 제 그림자를 거두어 몸속에 집어넣는다

없는 편지를 펼쳐두고 쓰는 답장을 지우는 어둠
그러나, 어둠과 오지 않은 편지와는 아무런 인과관계가 없다
저무는 것들의 심사가 그러할 뿐이다

꽃에도, 나무에도 보여줄 수 없는 한 줄 때문에
나는 이 어둠이 달다

-「해찰」 전문

화자가 처음에 "오지 않은 편지에 답장"을 쓸 때, 화자는 "앵두꽃이 피는 중이라고 쓴 행간"에서 "그

음밤 냄새"를 맡는다. 그믐밤은 가장 어두운 밤이다. 글쓰기의 본질은 어둠 속에서 길을 찾는 것(암중모색)이다. 시는 신들이 사라진 가장 어두운 공간에서 장님처럼 신들의 흔적을 더듬는다. 그런 글쓰기의 어느 지점에서 화자는 "문득, 강물이 흐"르는 것을 감지한다. 그렇게 "오지 않은 편지를 환하게 읽는" 순간이 온다. 시인은 이제 "편지"가 아니라 "답장"을 쓴다. 시인의 답장은 아직 오지 않은 것을 미리 비춘다. 그 답장은 먼 미래에 관한 이야기이므로 "백 년쯤 후에나" 도착할 수도 있다. 그러나 그 안에서 도래할 그 먼 미래를 미리 비출 수 있으므로 "나는 이 어둠이 달다". 이 작품은 어둠과 빛의 대조 속에서 존재의 결핍과 희망의 원리를 잘 교직한다. 가장 어두운 곳을 볼 수 있는 자가 가장 밝은 빛의 필요성(과 가능성)을 열망한다. 박미라 시인은 존재와 세계의 결핍을 드러내고 그 결핍의 바닥에서 '고집 센 희망'을 꿈꾼다. '죽음 같은 희망'이라는 구절이 있다면, 그것은 아마도 그녀의 말일 것이다.